Daomonk

108 Besinnungen

Ein Buch auf dem Weg der Kultivierung

von
Daomonk

Michael Schwindl

Erstausgabe 2021
Bern, Schweiz

www.daomonk.com

Bibliografische Information der Deutschen Nationalbibliothek:
Die Deutsche Nationalbibliothek verzeichnet diese Publikation
in der Deutschen Nationalbibliografie;
detaillierte bibliografische Daten sind im Internet über
http://dnb.dnb.de abrufbar.

©2021 Michael Schwindl – Daomonk
www.daomonk.com

Herstellung und Verlag
BoD – Books on Demand, Norderstadt

ISBN 9783753407395

Inhaltsverzeichnis

1. Vorwort und Danksagungen

Hallo und Herzlich Willkommen zu diesem Buch.

Zu Beginn werde ich erläutern, wie dieses Buch Zustande kam und wie ihr mit dieser Art von Bücher umgehen könnt. Es gibt mehrere Wege und Optionen, wie bei Allem im Leben selbst.

Wenn ihr ein Wort nicht versteht oder es fremd ist, so geht kurz ins Kapitel 5 um dies zu verstehen und danach mit dem Wissen weiter zu gehen. Ihr könnt auch die einzelnen Kapitel überfliegen, denn der Kern sind die Besinnungen und alles drumherum ist die Verpackung, die nicht unbedingt nötig ist, doch hilft sie vielleicht den Inhalt besser zu verstehen.

Ausserdem möchte ich mich hier an dieser Stelle bei allen bedanken, allen Begegnungen und dem Verlauf meines Lebens, auch wenn es nicht immer einfach war. All dies führte zu den Besinnungen, zum tieferen Verständnis des Wegs der Kultivierung und zu dem, der ich heute bin.

Zudem möchte ich mich direkt bedanken bei:
Luisa, einer guten Kollegin, die auch auf dem Weg des *Gong Fu* 功 夫 (Kung Fu) ist, für das Überschauen, Korrigieren und Lektorieren des ganzen Buches.

Meinem Bruder Christian, für die Bildaufnahme für das Buchcover auf dem Huashan 华山 in China, was uns damals noch nicht klar war.

Desweiteren Mario Worm, einem guten Kollegen der Kultivierung und für die ergänzenden Anregungen zur Buchverpackung.

Ausserdem Raffael Geissbühler als Weggefährte auf vielen Entdeckungsreisen und Teerunden.

Zudem bedanke ich mich bei jedem Kultivierer und gutem Freund für den philosophischen Austausch.

Ich danke allen Lehrern, die ich hatte, wie auch all den Tieren und der Natur selbst die mir meine Sicht vertieften.

Shein, Malu, Chopper, Cookie, Noodles danke ich für die Vertiefung des Verständnis des Hundsein und Miss Brown für die des Katzseins und all den Begegnungen auf meinen Reisen mit der Vielfalt des Lebens, wie all den Tieren zusammen für den Einblick ins Tiersein.

Und natürlich danke ich all den Vorbilder, Meister, Götter, Ahnen die mir den Weg und die Möglichkeiten aufzeigten und mich auf den Weg der Kultivierung gebracht haben.

2. Über das Buch

In den vorliegenden **neun Unterkapiteln** werdet ihr in das Buch und die Hintergründe eingeführt.

So könnt ihr erkennen, was ihr für Möglichkeiten habt und eine grössere Sichtweise im Umgang mit solchen Büchern bekommen.

Was ist das Ziel dieses Buches

Meine Veränderungen
sind deine Veränderungen
der Möglichkeiten.
>201<

Diese Aussage trifft den Kern ganz gut, denn ich möchte hier meine Weisheiten, die aus meinem Weg der Kultivierung entstanden sind, an euch weitergeben.

So können diese Anregungen zum Leben beitragen und euch die Möglichkeit bieten, euch mit dem Leben und mit euch selbst mehr auseinanderzusetzen. Ohne Selbstkultivierung verlieren wir uns Selbst und auch den Sinn im Leben.

Auf dem Weg wird es am Anfang nicht leichter, sondern zum Teil schwieriger, bis wir die Verbindungen erkennen und erwecken. Es wird sich alles auflösen was störend ist, das Herz wird gereinigt bis sich das reine Herzen zu zeigen vermag.

Ich benutze dieses Buch, um mich selber zu besinnen. Daher hoffe ich, es kann euch ebenfalls auf dem Weg der Kultivierung helfen.

Wie kam dieses Buch Zustande

Es ist schon eine Weile her, seit ich den ersten Spruch niedergeschrieben habe und würde dies etwa ins Jahr vor 2000 zurückführen. Immer wenn ich in einer Besinnung war und mir eine Weisheit in den Sinn kam, und ich etwas zum Schreiben hatte, konnte ich diese festhalten. Auf dem Weg in den ganzen Jahren sind sicher auch einige Weisheiten untergegangen, dennoch sind sie nicht verloren, da stets alles vorhanden ist. Man sagt, das alles im kosmischen Wissen — im universellen Wissen oder den Akasha-Chroniken — gespeichert ist.

Das siebte Kapitel beinhaltet eine ungefähre Datierung der Besinnungen, so dass ihr — in etwa nachverfolgen könnt, wann was Zustande kam — doch dies dient wohl mehr mir als euch.

Die Gestaltung des Buches wurde in Anlehnung an einen Talisman oder Grimoire gemacht um zusätzlich mehr Ausdruck, Kraft zu geben. Ich werde auch noch einige bei meinem Altar zusätzlich stärken und persönlich weitergeben.

Buchtitel

Der Titel des Buches war am Anfang *100 Weisheiten* danach *100 Philosophien,* schlussendlich wurde er zu *108 Besinnungen* geändert. Denn die Weisheiten drängten sich immer hervor, wenn ich selbst in Versenkung war und ich mich zum Sein besinnt hatte — zum Ursprung selbst. Im selben Moment kam mir in den Sinn, dass es 108 Besinnungen sein sollten, wegen der Numerologie und dem grösseren magischen Nutzen.

Ähnlichkeiten

Bei philosophischen Zitaten und Sprüchen sind stets Ähnlichkeiten vorhanden und doch auch nicht, denn die Sprache und das Verständnis so wie die Wortwahl von jedem Einzelnen unterscheiden sich, obschon sie ähnlich scheinen. Die Sprache führt öfter zu Missverständnissen, als zum Verständnis, da jeder den Inhalt von seinem Standpunkt aus anschaut und die Wörter verschieden starke Verbindungen mit jedem Einzelnen von uns haben. Man kann das Rad nicht neu erfinden, doch man kann es wieder entdecken, denn irgendwo, irgendwann wurde alles schon einmal gesagt — und auch nicht. Zudem kommt es in der Sprache selbst durch regionale, kulturelle Unterschiede und auch Dialekte eine Mehrdeutigkeit zusammen.

Wenn man sich mehr für dieses Thema interessiert, würde ich auch noch die *4 Ohren* (*4 Seiten Modell*) von Friedemann Schulz von Thun erwähnen. Es geht um die Kommunikationspsychologie, wie wir im Moment Inhalte anders aufnehmen, als sie ursprünglich gemeint waren. Somit sind die *4 Ohren,* wie wir Sachen sagen und meinen und wie diese dann beim anderen ankommen nicht immer gleich. Die *4 Ohren* sind folgende: Sachebene, Beziehungsebene, Selbstoffenbarung, Appell. Ein anderes Modell zur selben Thematik sind die fünf Axiome von Paul Watzlawick.

All die verschiedenen Aspekte haben einen Einfluss darauf, wie du heute etwas liest und schon später beim zweiten Durchgehen möglicherweise etwas anderes verstehst. Ausserdem kommen wir selbst stets geistig voran und das Verständnis geht mehr in die Tiefe, unsere Perspektiven verändern sich. So werdet ihr vielleicht auch erst später verstehen, was ich in den einzelnen Besinnungen und auch in den anderen Kapiteln gemeint habe.

Wenn hier Ähnlichkeiten auftauchen ist dies zufällig und nicht von grosser Bedeutung, da es in dem Moment, wo es aus der Tiefe auftauchte vom kosmischen Wissen selbst ins Sein kam und den Weg zu mir fand. Denn im Kosmos ist alles gespeichert.

Erläuterungen

Ähnlich wie mit dem Verständnis, ist es mit den Erläuterungen, da sich die eigene Perspektive verändert. Wenn ich heute im Jetzt eine Interpretation mache, würde diese nicht dem entsprechen, was ich damals gedacht oder erläutert hätte.

Erläuterungen sind somit immer eine Interpretation vom jetzigen Standpunkt aus, der sich stets wandelt, wie wir uns selbst. Darum gibt es indirekt keine falschen Interpretation, denn es liegt im Auge des Betrachters und in dessen Verständnis.

Erläuterungen können uns eine andere weitere Sichtweise geben, doch wenn unsere Ansicht zu wenig gekräftigt ist, nehmen wir einfach die andere an, ohne diese zu hinterfragen.

Handhabung

Es gibt mehrere Möglichkeiten wie man philosophische Weisheitsbücher handhaben kann. Man könnte philosophische Bücher einfach durchlesen und sich selbst mit Weisheiten und Eindrücken des Seins überschwemmen und wird so vielleicht weggeschwemmt. Oder liest ein Zitat und lässt es wirken, z.B. in einer Meditation oder im Sein des Tages selbst. Man kann mit dem Strom schwimmen oder auch anhalten, wie wenn man ans Ufer geht, bevor man sich mitreissen lässt und sich selbst verliert.

Dies gilt für das Buch, wie für das Leben selbst.

Zudem muss man ein Buch nicht einfach von Anfang an bis zum Schluss durchlesen. Man kann es auch einfach irgendwo aufklappen und einen Spruch lesen, der einem als erstes ins Auge fällt. Vielleicht ist jedes Jahr derselbe Spruch wieder anders, da man sich selbst gewandelt hat und ebenso die Lebensumstände je nachdem anders sind. Ich lese beispielsweise immer wieder im *Dao de Jing* 道德经 (*Tao de King*), Chan-Gongan 禅公案 (Zen-Koans), Weisheitsbücher oder ähnlichen Büchern und kann sie so besser als Begleiter auf dem Weg der Kultivierung nutzen.

Ich gehe die Möglichkeiten nochmals kurz durch:

Der klassische Leser
Klassisch kann man eine Weisheit nach der anderen durchgehen. Doch lasst euch dort etwas Zeit, pro Tag oder Tagesabschnitt einfach eine Weisheit lesen.

Der Springer
Er ist dem Klassischen sehr ähnlich, doch er geht auch einmal wieder zurück oder vor, zum Beispiel ins Wörterverzeichnis, um etwas nachzuschlagen so wird das Buch fast zu einem Studium.

Der Überflieger

Er überfliegt das Buch oder liest es im Schnelldurchgang und fängt dann nochmals an, um in den einzelnen Abschnitten in die Tiefe zu gehen.

Der Spontane

Dieser lässt den Zufall bestimmen, wo er das Buch aufklappt und welche Weisheit ihm ins Auge sticht. Oder er ist sich schon vor dem Aufklappen bewusst, welche Seite er nimmt, ob links oder rechts und auf welcher Höhe. Zum Beispiel, wenn es drei Weisheiten sind, ob er die obere, mittlere oder untere liest.

Der Mitgerissene

Dieser liest und lässt sich so lange mitreissen bis er sich Selbst verliert und alles vergisst, was ist und es aus dem nichts entstehen lässt. So könnte man sagen, dass er unbewusst auf das kosmische Wissen zuzugreifen vermag. Wie in der Meditation, wo man in die Leere eintaucht, um so alles aus dem Nichts zu erschaffen.

Zeilenumbruch

Der Grund warum ich zum Teil nach einem Wort einen Zeilenumbruch gemacht habe, ist folgender:

1. Um den einzelnen Wörter oder Wortgruppen mehr Aussagekraft zu geben.

2. Dass man sich mehr Zeit nimmt und nicht alles verschlingt.

3. Für die Optik, damit es angenehmer zu lesen ist und mehr ins Unterbewusstsein gehen kann.

4. So, dass man mehr zum Atmen kommt. Und damit man das Lesen mit Atemübungen verbinden kann. Einatmen und sich vorbereiten, dass heisst sich freimachen von Gedanken und Emotionen. Pro Zeile ausatmen und warten bis man ausgeatmet hat, danach wieder einatmen und dann mit dem Einatmen sich besinnen, was es zu heissen vermag. So macht man dies weiter bis zum Schluss. Es besteht auch die Möglichkeit eigene Atemübungen zu machen, z.B. im Rhythmus mit der Optik und dem natürlichen Gefühl von einem Selbst bei der Betrachtung einer Weisheit. Doch dies geht meistens nicht gleich von Beginn an. Probiert doch einmal mit einer der Methode oben aus und ihr werdet ein Gefühl bekommen, was es für Möglichkeiten gibt.

5. Man kann auch eine Weisheit lesen und über diese Meditieren.

Dadurch werdet ihr vielleicht eher sehen, was in den einzelnen Weisheiten steckt. Sie können zum Teil fremd oder abstrakt wirken, doch im Ursprung sind sie rein. Sie sind nicht als Beurteilungen oder Gesetze zu verstehen, sondern eher Prinzipien die helfen alles im Ursprung zu erkennen.

Falls für euch irgendwo ein Widerspruch aufkommt oder ein Empfinden, dass dies doch keinen Sinn hat oder auch falsch ist, könnt ihr dies für euer Verständnis nutzen.
Wieso löst es gerade diese Reaktion bei euch aus? Fangt ihr gleich an etwas zu beurteilen, ohne alle Blickwinkeln in Betracht zu ziehen? Stört es euch, da es bei euch Selbst etwas auslöst und was ist es?

Aufbau

Wenn ich etwas erschaffe, findet während des Prozesses eine aktive Veränderungen statt, die das Grundkonzept des zu Erschaffenden ergänzen und vollkommener machen. Zugleich hafte ich nie an der Perfektion, denn es ist alles im Wandel und man sollte nicht an einer Perfektion anhaften, da man sonst stehen bleibt und sich so selbst am Voran-schreiten hindert. Dies sollte uns nicht abhalten etwas zu optimieren, denn es ist immer die Balance zu finden, denn auch hier, wer sich zu schnell zufrieden gibt, wird nicht voranschreiten. Dieses Buch entstand während dem Zusammenführen der Weisheiten und wurde stückweise erschaffen. Wie erwähnt war mein Ziel am Anfang kein Buch, sondern Notizen für mich selbst, später für meine Internetseite und nun für das Buch.

Durch das Inhaltsverzeichnis ergaben sich ergänzende Inhalte, die wiederum durch die Numerologie eingebunden wurden, da das Buch als Ganzes wie Talisman und *Grimoire* dienen kann.

Chinesische Schrift

Ich werde im Text für die, die es mehr interessiert auch chinesische Schriftzeichen einfügen, damit man genau sieht, welches Wort gemeint ist.
Für die Übersetzung der chinesischen Schriftzeichen empfehle ich *Pleco* als APP oder *www.leo.org* im Internet. Dort findet man jeweils chinesisch-englisch und chinesisch-deutsche Übersetzungen.
Zudem benutze ich hier für die chinesischen Wörter das *Pinyin System* und habe zum Teil die ältere Variante *Wade-Giles-System* hinten in Klammern angehängt, da diese in älteren Büchern vertreten ist.
Zum Beispiel findet man *Dao* in Pinyin und *Tao* im Wade-Giles-System. So werdet ihr dies im Text zum Teil folglich antreffen — *Dao* 道 (*Tao*).

3. 108 Besinnungen

Miss Brown, Malu und ich am Überwintern
in den Wudangbergen 武当山 *China 2017/2018*

Der Gedankenstrom
hindert nur die Meditation
und die Ruhe
deines Geistes.
>1<

Wer Tugendhaft ist,
so geht er
den Weg
zur Erleuchtung.
>2<

Besitz spiegelt nicht
deine Persönlichkeit wieder,
dein Benehmen gegenüber anderen schon.
>3<

Lass dich nicht
vom Fluss mitreissen,
schwimm auch nicht
gegen ihn,
sondern schwimme
einfach mit ihm.

>4<

Finde dich selbst
und du erlangst
die Herrschaft
von Körper, Geist, Seele.
Nur so kannst du
das absolute Potential
erlangen.
>5<

Die Natur
und Spiritualität
rücken heute
immer ferner,
lass dies
nicht zu.

>6<

Geh in die Natur
und lausche
Fühl dich ein
und verschmelze
mit ihr.
Werde Eins.
>7<

Lass deinen Geist
auch mal
zur Ruhe kommen.
>8<

Fürchte dich nicht
vor dem langsamen
Vorwärtsgehen,
doch fürchte dich mehr
vor dem Stehenbleiben.
>9<

Ist die Welt
schon so materiell,
dass sie nicht mehr
die wahren Werte pflegt.
>10<

Wenn man
seine Kräfte
sammeln kann,
spürt man die Energie
des Lebens.
Qi
>11<

Kann man sich
einen Wunsch
nach dem anderen
erfüllen,
umso
anspruchsvoller
werden sie.
>12<

Geld ist Macht,
Macht ist Geld,
doch wer ohne
Geld lebt
der ist frei.
>13<

Besitz ist von kurzem Glück,
denn das wahre Glück
kommt von Innen.
Über diese Erkenntnis
was wahrhaftiges
Glück ist,
wird der Materialismus
immer mehr
verblassen.
>14<

Sieh in allem
etwas Positives,
denn ändern
kannst du es nicht mehr,
aber du kannst
immer noch
das Beste
daraus
machen.
>15<

Sieh das Leben
als Lehre
und den Tod
als Prüfung.
>16<

Wer sich nicht
mit dem Tod befasst,
wird den Tod
als Ende sehen
und nicht als Prüfung.
>17<

Der Sinn im Leben;
ist, den Tod
zu verstehen.
>18<

Lass dich nicht Formen,
sondern forme
dich selbst.
>19<

Wasser ist hart
und doch so weich.
Ohne und unter Wasser
kann man nicht lange sein.
Wasser ist dieses Element
wo unser Leben ständig beeinflusst.
``Ob Regen oder Getränke``
>20<

Folge deinen Zielen
bewusst
und lass dich
nicht abbringen,
denn die Ziele hast du
aus einem
gewissen Grund.
>21<

Der Schüler lernt
vom Meister
und der Meister lernt
vom Schüler.
>22<

Man muss sich
stets Wandeln,
sonst bleibt man stehen
und das Leben
wird vergehen,
ohne das man
es bestehen kann.
>23<

Mit jedem Besitz
steigt wieder die Sorge
um das Erworbene,
darum löse dich von Sachen,
die du nicht brauchst
oder kauf dir nicht das Beste
um das du dich dann
am meisten sorgst.
>24<

Umso weniger
man Besitzt
umso glücklicher
und freier ist man.
>25<

Wer viel
in Rätseln spricht,
wird selbst zum Rätsel.
>26<

Wer geht,
der kommt.
Wer spricht,
der hört.
Wer geboren,
der auch verscheidet.
Wer hat,
der auch verliert.
>27<

Das Ziel ist da
wo der Anfang ist.
Schau nicht immer
draussen,
sonder einmal auch
nach innen.
>28<

Der Weg ist zu gehen
um das Leben zu verstehen,
doch ist es klar
was war,
so bleib nicht stehen
und geh,
weil das Leben ist
voller Wege
mit und ohne Regen.
>29<

Der Todgeweihte
vermag den Sinn
des Lebens zu verstehen.
Der Lebende
glaubt, dass der Tod
das Ende ist.
>30<

Lebe jeden Moment bewusst...
Handle mit Vernunft...
übe dich im Sein...
lass ab von den Begierden...
>31<

Ich las viele Male
im Dao de Jing,
aber der Weg
zum Erlernen
des Dao
ist nie
endend.
>32<

Wieso will man
sich oft
dem Sinn
entsinnen,
den man
zu verstehen vermag.
>33<

Die Erkenntnis,
dass man beim Tode
nichts mitnehmen kann,
macht doch einem klar,
was die wahren Werte
im Leben sind.
>34<

Lebt man das Leben bewusst
so ist es zu Beginn
schwerer,
doch dies ist der richtige Weg
da man dem Leben
nicht den Rücken
zuwendet.
>35<

Erzähl nichts heraus
wovon du erst
Ahnung hast,
erst wenn du es
wirklich kennst,
äussere deine
Ansicht.
>36<

Widme deinem Selbst
mehr Zeit,
umso zu erkennen
wer und was
du bist
>37<

Der einfache Weg
ist nicht immer
der richtige Weg.
Lerne zu Sein
um zu erkennen
des Weges Sein.
>38<

Wer heute
schon in Gedanken
wegen Morgen,
der ist immer
voller Sorgen.
>39<

Versuche alles
bewusst zu machen,
denn so wirst du
immer mehr
zu deiner
wahren Natur
erwachen.
>40<

Den Inhalt finden
und nicht nur
die Schale kennen
und pflegen.
>41<

Wenn schon Worte
es vermögen
Sachen zu verändern.
so achte auf
deine Gedanken,
denn diese sind
noch mächtiger.
>42<

Dies ist mein Körper,
doch nicht mein Selbst.
>43<

Ehren
doch nicht verehren.
>44<

Auf dem ewigen Weg
sollte man auch
einmal Anhalten,
um zu sehen
wo man selbst ist.
>45<

Von was man
predigt,
sollte man auch
selber pflegen.
>46<

Willst du es sehen,
so musst du es
vermögen zu verstehen.
>47<

Du bist immer
ein Vorbild
für irgendwen
irgendwo,
darum achte
stets
auf dein
Verhalten.
>48<

Ohne Begierden
ist man frei.
>49<

Verliert man alles,
so hat man doch
die besten
Voraussetzungen
für ein Neuanfang.
>50<

Es verbergen sich
immer mehrere
Botschaften
hinter den
Erlebnissen.
>51<

Lebe jeden Moment bewusst...
Handle mit Vernunft...
übe dich im Sein...
lass ab von den Begierden...
>52<

Lebe deinen Traum,
verträum nicht
dein Leben.
>53<

Erst durch
die Beurteilung,
ändert sich
die Ansicht.
>54<

Erwartungen
vermindern
das Erlebende.
>55<

Nicht klagen,
wenn du auch
nicht handelst.
>56<

Drück dich in Worten aus
die jeder verstehen kann,
die auf der Suche sind.
Doch nicht zu einfach,
denn es sollte noch
anregend sein,
so muss ja
jeder selbst
den Weg beschreiten.
>57<

Die menschliche Zeit
ist Einschränkung
von Monden.
>58.1<
Muss man Monde zählen.
>58.2<

Schlichte Definition reicht.
>59.1<
Doch der Fragende
möchte es genauer Wissen,
um sich selber unter Druck zu setzen
oder einfach um nicht selber nachzudenken
und um so wiederum
auch nicht den Weg
selbst zu beschreiten.
>59.2<

Ist Mönch sein eine Flucht
aus dem normalen Leben
oder ist es normal?
Denn eine Beziehung (Liebespaar)
ist die Flucht aus der Einsamkeit.
>60<

Zu zweit ist man stark,
alleine ist man schwach,
doch ganz alleine
ist man unverwundbar.
>61<

Beziehungsdrang
zerstört
das Wohlbefinden
des jetzigen
allein Seins.
>62<

Wenn man etwas
wiederholt
bewusst oder unbewusst,
so ist es doch
in der Tat wichtig.
>63<

Wer weiss
wie lang ich noch Lebe,
doch Angst hab ich nicht,
denn ich Lebe bewusst
und weiss es endet nicht.
>64<

Das Leben leben
und sich nicht
dagegen wehren.
>65<

Durch die Dualität
wie schlecht und gut
trennen wir alles.
So zerstören wir Verbindungen
und Verständnis
der Verbundenheit
in der Tiefe.
>66<

Eine kleine Tat
kann die Welt
bewegen.
>67<

Befreie dich
von den Verlangen
und Zwängen
und komm zurück
zum Sein
>68<

Wenn ich lange Lebe
wäre dies schön,
wenn nicht
dann hatte ich´s schön.
>69<

Zum Glücklichsein
braucht man nichts.
Mach dein Glück
nicht abhängig.
>70<

Etwas erzwingen,
ist verharren.
So ist verharren
stehen bleiben.
So macht dies
einem nimmer glücklich.
>71<

Die Welt entsteht
und so auch wieder vergeht.
Sind wir hier
oder waren wir
gar nie da?
>72<

Der Ursprung ist Wuwei,
so kehre zurück.
>73<

Physisch sind wir eingeschränkt
doch im Geiste
können wir
alles erreichen.
>74<

Ich war schon
an vielen Orten dieser Welt
und doch ist man selbst
immer am gleichen Ort.
>75<

Was Formen hat
oder formlos ist
kann frei sein,
denn nur das selbst
engt ein
oder befreit
Vollkommen.
>76<

Alles was war
wird wiederkehren,
doch meist nicht
in selber Form
und Ebene.
>77<

Wenn die Welt
bricht in zwei,
so sei
und schmunzle dabei.
>78<

Sich üben
im Bewusstsein,
so erfolgt
die Wandlung
von alleine.
>79<

Mantra reinigen
alle Sachen, die du hast
und führen dich
zurück
zum
Gleichgewicht.
>80<

Als erstes musst du
zu dir Selbst schauen
und dich stärken.
So das du auch genügend Kraft hast
um anderen zu helfen.
Sonst möchtest du jemandem aufhelfen
und fällst selber noch hin.
So kannst du noch mehr schaden
als Hilfe verursachen.
>81<

Unmöglich ist nur
das, was zu weit
vom möglichen Weg ist,
doch wenn du vorankommst
verliert das *Un*
seine Wirkung
immer mehr.
>82<

Befasse dich nicht mit Grenzen,
befasse dich mit dem Möglichen.
So gibt es keine Grenzen mehr.
>83<

Das volle Potenzial
vom Selbst entdecken
und beim Tode
vollkommen bewusst
zu sein.
>84<

Die Erkenntnis,
dass man beim Tod
nichts mitnehmen kann,
bringt uns die wahren Erkenntnisse,
was Leben heisst.
>85<

Die Zukunft und Vergangenheit
verhindern das
wir
jetzt
vollkommen
Bewusst
sind.
>86<

Struktur ist gut,
doch zu viel,
verlierst du dich selbst.
Bist du ein Chaot
brauchst du mehr Struktur,
um dich selbst zu Erkennen.
So gibt der Kultivierende
acht bei beidem.
>87<

Alles wird sich ändern
wenn du die Wahrheit
des Lebens kennst.
>88<

So lernt man frei
von Gedanken
zu sein
und die Vertiefung
auszudehnen.
>89<

Dem ungetrübten Blick
wird sich das Geheimste schauen.
>90<

Wir wollen viel,
doch wir tun wenig.
>91<

Wer Respektlos
gegenüber anderen
Lebewesen ist,
ist es somit
auch gegen sich selbst.
>92<

Es geht im Leben nicht
darum wieviel man
arbeitet oder erschaffen hat
sondern was man
erfahren hat.
>93<

Es ist nicht von Belangen
was wir sind,
Ist nicht von Belangen
wo wir sind,
Ist nicht von Belangen
wer wir sind,
doch ist von Belangen
was wir tun.
>94<

Meister

Man muss seinen eigenen Meister
in sich selbst erschaffen,
wie auch nähren.
Denn nur der vermag es
dich ab einem gewissen Punkte
gleichzeitig noch
in allen Bereichen
zu führen.
>95<

Disziplin

Nur wer Disziplin hat
kann den eigenen Meister erwecken
und anfangen zu kräftigen.
Denn nur mit Disziplin
kann man die tiefen Tore
des eigenen Bewusstsein öffnen
und über das Menschlichsein
hinauswachsen.
>96<

Man muss auch Selbst
auf Sachen achten,
die für einem Selbst
als Selbstverständlich sind.
>97<

Stehende Säule

Meist liegt im einfachen
der Kern,
doch das Einfache
ist oft nicht einfach,
genau weil es einfach ist.
>98<

Vermag man das andere
immer mehr zu Verstehen,
so wird das andere
immer fraglicher.
>99<

Vertraue dir selbst
vollkommen
und niemand anderem
mehr als dir Selbst.
Denn das reine Herzen
wird dir den Weg zeigen.
>100<

Vertraue nur so viel
wie du dir Leisten kannst.
>101<

Das Ego reinigen
und nicht Auflösen,
denn das Ego ist da,
dass du
auch da sein
kannst.
>102<

Stärke als erstes dich selbst
und finde den inneren Frieden.
Das reine Herz wird sich zeigen.
So dass dann alles nach aussen dringt
und sich so alles verändert,
nur durch deine Anwesenheit.
>103<

Wenn man auch nur kurz
aus dem Bewusstsein fällt,
so kann viel
vergehen.
>104<

Wie könnte Frieden
auf Erde herrschen,
wenn wir nicht einmal
den Schwächeren helfen
und zugleich
alles ausnützen
wie ausbeuten.
>105<

Meditation
sollte sein
wie jeden Tag
seine Zähne
zu putzen.
>106<

Liebe erschafft Abhängigkeit
und trübt den Blick
bei Entscheidungen
für alles.
>107<

Kunst kann man nicht
studieren,
denn man muss sie
erfahren (leben).
>108<

4. Numerologie und mehr

Wieso habe ich 108 Besinnungen, 108 Seiten, 9 Kapitel, 12 Unterkapitel gemacht?

Hier die Berechnungen und die Zusammenfügung bevor wir in die Numerologie gehen.

108 Seiten von Anfang bis am Schluss inkl. Cover
108 Besinnungen
9 Kapitel multipliziert mit 12 Unterkapitel ergibt 108
So haben wir gerade wieder 3 mal 108
Quersumme von 108 ist 9 somit 999
108 x 3 = 324 Quersumme 9

9 Kapitel mit den ersten 9 Unterkapitel ergibt 81 Quersumme 9
9 Kapitel mit den zweiten 3 Unterkapitel ergibt 18 Quers. 9
Die 81 plus die 18 ergibt 99 Quersummen 18 daraus 9
usw.

Um das Buch selbst kraftvoller zu machen, wurde das Ganze in mehreren Versenkungen des Selbst — Meditationen — optimiert. Zudem findet ihr das Kapitel hier da es ergänzend zum Buche dient. Ich möchte euch diesen kleinen Einblick in die Numerologie nicht vorenthalten.

Tauchen wir einmal in das Thema der Numerologie ein und ich gebe euch einige Beispiele. Im Buddhismus, Daoismus, Christentum, Mathematik, Fengshui etc. gibt es Prinzipien, die einen numerologischen Ursprung haben und so einer Harmonie entsprechen, da die Numerologie eine natürliche Ordnung ins Chaos bringt.

Ordnung und Chaos sind sich nicht fremd, denn man kann sie mit numerologischen oder mathematischen Prinzipien zusammenführen und so die Harmonie erkennen.

Die Natur selbst bewahrt die Natürlichkeit in Mustern, die für uns zum Teil nicht erkennbar sind. Auch, wenn die numerischen Muster für uns oft nicht erkennbar sind, sind sie da. Mit dem Wissen der Numerologie können wir mehr Muster erkennen und somit die Harmonie im Chaos erkennen.

Für die Harmonie von allem,
braucht es stets den Ausgleich von Allem.
>202<

Dao Fa Zi Ran 道法自然

Das Gesetz der Natürlichkeit. Dies ist ein Prinzip aus dem Daoismus.

Tiere können zum Teil im Voraus erkennen, was kommt und dadurch früher reagieren. Zum Beispiel konnte man anhand von Zugvögeln in Amerika die Tornadosaison voraussagen, da diese jedes Jahr je nach Gefahrenlage früher oder später in den Süden von Brasilien ziehen. Die Zugvögel waren genauer als die Vorhersagen der Experten.

Wenn wir in der Zeit zurückgehen, finden wir Hinweise, dass Menschen das Wissen der Vögel genutzt haben, z.B. um das Wetter vorherzusehen oder bei den Seefahrern um zu testen, ob Land in erreichbarer Nähe war. Vögel wurden als Abgesandte und Begleiter der Götter verstanden und sogar als Orakel genutzt. Bei den Römern war dies als Auspizien, Vogelschau bekannt.

Im folgenden Teil werdet ihr immer die Zahl sehen, dann Beispiele und gleich dessen Ursprung oder Unterteilung. Zudem werdet ihr erkennen das einige Beispiele bei anderen Zahlen weitergeführt werden.

Die Zahl 0
Daoismus
- *Dao* 道 — Der Urgrund von allem.

Hinduismus
- Die Null ist das Symbol der Leere
- Das *Nirvana* निर्वाण wird oft als nichts und Ursprung von allem definiert.

Die Zahl 1
Allgemein
- Alles ist Eins.

Daoismus
- *Wuji* 无极 ist der Ursprung von allem im Sein, wie Nichtsein und so die Urkraft.

Hinduismus
- Die Eins ist der Ursprung und symbolisiert die Gottheit, *Tad Ekam*, die Sonne und das *Linga* लिङ्ग.

Die Zahl 2

Allgemein

• Dualismus an sich — die Gegensätze

Mathematik

• kleinste positive gerade Zahl
• kleinste Primzahl

Daoismus

• *Taiji* 太极 Dualität in Verbindung und Harmonie von *Yin* 阴 und *Yang* 阳, die Wirkkraft, die alles zusammenhält und die Harmonie bewahrt.

Die Zahl 3

Allgemein

• Alle guten Dinge sind drei.
• China und die drei Lehren Sanjiao 三教 sind Konfuzianismus, Daoismus und Buddhismus
• Zahl der Wiederholungen zur Affirmation in Mythologie und Spiritualität.
• In der Antike galt die drei als ein Symbol für Vollständigkeit und Geschlossenheit.

Mathematik

• Kleinste ungerade Primzahl

Daoismus

• *Taijitu* 太极图 ist die Dualität in Trennung und Erscheinung = *Yin* & *Yang* & Wirkkraft

- Die drei Schätze sind *Shen* 神 der Geist,
  Qi 氣 die Lebensenergie, *Jing* 精 die Essenz.
- Die kosmische Dreifaltigkeit — *Tian* 天 der
  Himmel, *Di* 地 die Erde und *Ren* 人 der Mensch.

Buddhismus

- *Sanye* 三业 = Die 3 Karma, Handlungen
  Karma bedeutet Handlung und wird so in drei
  Kategorien unterteilt, diese sind folgende: die des
  Körper, die der Rede und die des Geistes
- Die drei Kostbarkeiten, Die drei Schätze,
  Die drei Juwelen
  Diese sind Buddha, Gottheit — Vorbild und steht
  auch für Erleuchtung und Buddhaschaft. Dharma
  steht für die Lehre Buddhas. Sangha steht für
  Mönche und Gelehrte, die den Weg wahrhaftig
  gehen und diesen auch verkörpern. Dies gilt
  übergreifend auf alle Lebewesen.
  Darum werden diese drei Kostbarkeiten oft wie
  folgt rezitiert:
  Ich nehme Zuflucht zu *Buddha* बुद्/*fo* 佛
  Ich nehme Zuflucht zum *Dharma* धर्म/ *fa* 法
  Ich nehme Zuflucht zum *Sangha* संघ/Sēng jiā 僧伽
- Drei Daseinsmerkmale
  Anicca — Unbeständigkeit, *a*lles ist vergänglich
  und dem Wandel unterworfen.
  Dukkha — Alles ist dem Leiden unterworfen.
  Anatta — Unpersönlichkeit, alles ist miteinander
  verbunden und beeinflusst sich stetig.

Hinduismus

- Die Natur hat drei *Gunas* — Eigenschaften: *Sattva* — Reinheit, *Rajas* — Unruhe und Bewegung, *Tamas* — Trägheit

Christentum

- Die göttliche Dreieinigkeit — Trinität aus Vater, Sohn und Geist.

Die Zahl 4
Allgemein

- Die vier weist auf Ordnung hin. Es existieren vier Himmelsrichtungen und die sogenannten vier Elemente.
- Im Chinesischen gilt diese als Unglückszahl, weil sie Ausgesprochen *si* 四 in der 4-ten Tonlage vier bedeutet und *si* 死 in der 3-ten Tonlage Tod.

Daoismus

- Vier Bilder werden zur Form
  Das kleinste *Yin/ Shao Yin* 少阴 und das Grösste *Yin/ Tai Yin* 太阴, wie auch das kleinste *Yang/ Shao Yang* 少阳 und das Grösste *Yang/, Tai Yang* 太阳
- Die vier numinosen Tiere, genannt *si ling* oder *si xiang:*
  Der Blaue Drache — 青龍 *Qinglong* im Osten, der Weisse Tiger — 白虎 *Baihu* im Westen, der Rote Phönix — 朱雀 *Zhuque* im Süden und die

schwarze Schildkröte — der Schwarze Krieger,
玄武 *Xuanwu* im Norden.

Buddhismus
- Die vier edlen Wahrheiten
  Erste edle Wahrheit ist *dukkha,*
  die edle Wahrheit über das Leiden.
  Zweite edle Wahrheit — *samudaya,*
  die edle Wahrheit über die Ursache des Leidens.
  Dritte edle Wahrheit — *nirodha,*
  die edle Wahrheit über Beendigung des Leidens.
  Vierte edle Wahrheit — *magga,*
  die edle Wahrheit über den achtfachen Pfad.

Die Zahl 5
Allgemein
- *Wuxing* 五行 sind die 5 Elemente in der TCM,
  Fengshui etc. Holz, Feuer, Erde, Wasser, Metall
- Im Chinesischen als Glückszahl und 5 Ziele,
  die man anstreben sollte Reichtum, Glück,
  Langlebigkeit, Glückseligkeit und Wohlstand.
- Die 5 Sinnesorgane Haut, Auge, Ohr, Mund und
  Nase. Dadurch können wir riechen, schmecken,
  tasten, sehen und hören.

Buddhismus

- 5 *Silas* für alle, die den Buddhismus praktizieren. Diese wären Folgende: Keinem Lebewesen ein Leid anzutun oder sogar das Leben zu nehmen. Nichts zu nehmen, was mir nicht gegeben wurde. Kein sexuelles Fehlverhalten.
Ich versuche stets keine Unwahrheiten zu sagen. Ich nehme keine berauschenden Mittel zu mir, die meinen Geist verwirren.

Die Zahl 6
Daoismus

- Die 6 Harmonien schulen das Innere und Äussere.

Buddhismus

- Buddhas Lehren gibt es **6** Sinnestüren
Auge, Ohr, Nase, Zunge, Körper, Geist.

Christentum

- Die dreifache Nennung **666** ist in der Offenbarung des Johannes schliesslich der Zahlencode für "das Tier", den Antichristen
- Die Quersumme 666 = 18 = 9

Die Zahl 7
Buddhismus

- Die sieben Erleuchtungsglieder — Achtsamkeit, Ergründung der Gesetzmässigkeit, Beharrlichkeit, Freude, Gelassenheit, Sammlung, Gleichmut

Islam

- Der siebente Himmel ist für Muslime der Ort der letzten Verklärung.

Christentum

- Die Welt wurde in sieben Tagen erschaffen.
- 7 Tugenden — Glaube, Hoffnung, Liebe, Klugheit, Gerechtigkeit, Tapferkeit, Mässigung
- 7 Laster, Todsünden — Stolz, Geiz, Wollust, Neid, Völlerei, Zorn, Trägheit
- 7 Sakramente — Taufe, Firmung, Eucharistie, Beichte, Ehe, Priesterweihe, Krankensalbung
- 7 Gaben des Heiligen Geistes — Weisheit, Verstand, Rat, Stärke, Wissenschaft, Frömmigkeit, Gottesfurcht

Die Zahl 8
Allgemein

- Unendlichkeit
- 8 ist auch eine Glückszahl und somit bringt alles was durch 8 teilbar ist Glück.
- 8 Himmelsrichtungen — Das *Bagua* ist ein Achteck und wird im Daoismus, *Yijing* 易经 (*I Ging*), Fengshui 风水 verwendet.

Daoismus

- Die 8 Unsterblichen

Buddhismus

- Der edle achtfache Pfad besteht aus 8 Prinzipien
  und diese werden in drei Gruppen eingeteilt:
  *Weisheits-Gruppe — r*echte Erkenntnis,
  Rechte Gesinnung *Sittlichkeits-Gruppe —*
  rechte Rede, rechtes Handeln,
  rechter Lebenswandel Vertiefungs-Gruppe —
  rechtes Streben, rechte Achtsamkeit/
  rechtes Überdenken, rechtes Sich-versenken
- *Acht Silas*
  Hier kommen Jetzt nochmals 3 dazu. Diese sind
  für Mönche oder Laien gedacht, die an
  Zeremonien oder im Kloster sind:
  Nicht übermässiges Essen, dass heisst Morgen und
  Mittag essen oder sogar nur Mittagessen.
  Mich keinem Einfluss auszusetzen, der mein
  Bewusstsein trüben kann.
  Mich nicht von negativen Emotionen wie Zorn,
  Sorge, Trauer, Eifersucht etc. mitreissen zu lassen.

Christentum

- Die 8 ist Symbol der Auferstehung und des
  Neuanfangs.

Die Zahl 9

Allgemein

- Bei den Chinesen steht die 9 für die Langlebigkeit
- Die 9 ist ein Symbol für Unveränderlichkeit, Einheit, Vollkommenheit. Man sagt, dass sie uns von den Göttern gegeben wurde.

Mathematik

- Jede positive natürliche Zahl, die man mit multipliziert, ergibt nach der Bildung von Quersummen der Zwischenergebnisse zum Schluss die Zahl 9. Beispiele:

$8 \times 9 = 72 \quad = 7{+}2 = 9$

$51 \times 9 = 459 \quad = 4 + 5 + 9 = 18 \quad = 1{+}8 = 9$

$108 \times 9 = 972 \quad = 9 + 7 + 2 = 18 \quad = 1{+}8 = 9$

Daoismus

- Kultivieren der *9 Herzen*, diese sind:
  Fairness, Ausgeglichenheit, Demut, Verzeihung, Mitgefühl, Helfen, Grosszügigkeit, Loyalität, Weisheit
- *9 Paläste* schulen den Ausdruck.
  In unserem Kopf befinden sich neun Räume/Paläste, in denen das *goldene Elixier* gereinigt wird.

Fengshui

- *Luoshu* 洛书 Gitter besteht aus 8 Himmelsrichtungen, wie das Zentrum somit aus 9.

Die Zahl 18

Mathematik

• Einzige Zahl, die das doppelte ihrer Quersumme ist. 18 = 1+8 = 9 x 2 = 18

Buddhismus

• Wenn die 6 Sinnestüren von Buddhas Lehren auf Sinnesobjekte,wie Form, Geräusch, Geruch etc. stossen, entsteht Sinnesbewusstsein, was die verschiedenen Arten von Gefühlen auslöst — angenehm, unangenehm, neutral. Daraus ergeben sich 6 x 3 = 18 Leidenschaften.
Wir haben somit 18 mögliche Gefühle.

• Die 6 Sinnestüren lösen begehren aus. Diese sind: haben wollen, nicht haben wollen und neutral. Somit haben wir wieder 6 x 3 = 18 mögliche Begehren.

Die Zahl 36

Buddhismus

• Aus den 6 Sinnestüren ergeben sich 18 mögliche Gefühle + 18 mögliche Begehren, die somit 36 ergeben.

Die Zahl 64

Allgemein

- 48 x 8 = 64 ist somit die Quadratzahl von 8, somit multipliziertes Glück.

Yijing 易经 *(I Ging)*

- Das *Yijing* hat 64 Hexagramme.

Die Zahl 72

Mathematik

- 9 als Quersummen 7 + 2 = 9

Daoismus

- Daoismus und die zweiundsiebzig glücklichen Orte *qishier Fudi* — 七十二福地. *Dongtian Fudi* 洞天 sind die Grottenhimmel, wo die Götter und Unsterblichen leben.

Christentum

- Die 72 Jünger Christi, die das Christentum in 72 Sprachen verkünden sollen.

Konfuzianismus

- Konfuzius hatte 72 Schüler

Die Zahl 108

- *Allgemein*
- Der Kantenwinkel eines Fünfecks ist 108° Grad.
- Der 108-fache Sonnendurchmesser entspricht dem Abstand zwischen Sonne und Erde.
- Der Durchmesser der Sonne ist das 108-fache der Erde.
- Die durchschnittliche Entfernung von Mond und Erde ist das 108-fache vom Durchmesser des Mondes.

Astrologie

- In der Astrologie gibt es 12 Häuser und 9 Planeten = 108.

Mathematik

- 108= 1+0+8= 9 Hier ist die Quersumme wieder 9.

Buddhismus

- Die 108 Störgefühle — Von Buddhas Lehren, die 6 Sinnestüren, die uns 18 möglichen Gefühle wie 18 mögliche Begehren geben, ergibt 36. Letztere, die mit der Zukunft, Gegenwart und Vergangenheit verbunden sind, ergibt 36 x 3 = 108 Leiden durch verursachende Manifestationen.
- Darum gibt es die Zeremonie der 108 Glockenschläge — Gongschläge, um so die Leiden zu lösen. Dies wird oft im Jahreswechsel zeremoniert mit 107 Gongschlägen im alten Jahr und einem im Neuen Jahr.

- Die *Lankavatara-Sutra* weist mehrfach auf die 108 Stufen hin. Hier richtet auch Bodhisattva Mahamati 108 Fragen an Buddha und Buddha gibt 108 Negationsaussagen in Form von "Eine Aussage zu X ist keine Aussage zu X".

Hinduismus
- Die hinduistische Gottheiten haben 108 Namen. Wenn man diese mit der Mala-Kette aus Hundertacht rezitiert, gilt dies als heilige Handlung.

Ayurveda
- Hier gibt es 108 Druckpunkte im Körper, an denen sich Bewusstsein und Fleisch kreuzen, um dem Lebewesen Leben zu geben. [10]

Kampfkunst
- Hier werden oft 108 Druckpunkte verwendet, 72 davon verletzen und 36 sind tödlich.

Hier noch ein weiteres Beispiel:
Wenn wir das *Dao de Jing* nehmen hat dies 81 Kapitel. Die 1 steht für *Wuji*, den Ursprung und die 8 für die Unendlichkeit. Die Quersumme ist 9 (8+1) für die Vollkommenheit und all die daoistischen Prinzipien der 9.

5. kleiner Wörterindex

Akasha-Chronik — kosmisches Wissen — oder universelles Wissen

Man sagt, dass alles Wissen und was es je gegeben hat und geben wird im kosmischen Wissen gespeichert ist. Somit ist dies wie ein grosser universeller Speicher, wo man Sachen abrufen kann und dieser Zugriff wird automatisch auch wieder zum Vorschein treten als Nebeneffekt der Kultivierung.

Dao — Tao

Dies ist der Grundstein vom Daoismus (Taoismus) und als Urgrund von allem zu verstehen.

Grimoire

Ein magisches Buch mit Zaubersprüchen oder für die Kultivierung des Selbst.

Gong Fu — Kung Fu

Steht heute für die chinesischen Kampfkünste, doch bedeutet es allgemein etwas zu perfektionieren und ein Meister in etwas zu werden. So hatte Mozart *Gong Fu* in der Musik, Leonardo Da Vinci in Kunst der Erschaffung, Michelangelo in der Malerei usw. Man könnte sagen Gong Fu ist, wenn man die Meisterschaft in etwas erreicht.

Kultivieren — Kultivierender

Diesen Begriff verwende ich für das Wandeln des Selbst.

Man Praktiziert um so voran zu schreiten. Der Kultivierende ist somit jemand, der sich selber im Körper und Geiste voran bringt. Der Schwerpunkt liegt beim Kultivieren, alles andere ist nicht von belangen.

So könnte man auch sagen, dass durch das Kultivieren das Herz gereinigt wird und der Kultivierende der ist, der intensiv auf diesem Weg ist.

Mönchsein — Mönch

Ist die Bezeichnung für den Weg als Mönch und was dies alles beinhaltet.

Also bezieht es sich auf einen Mönch, der die Prinzipien der Kultivierung befolgt und sich von Anhaftungen befreit, dass er Leiden verhindert und nicht fördert.

Der Mönch ist ein Forscher der seine Erkenntnisse teilt und wo er auch ist. Er hilft mit seiner Anwesenheit und Wissen zum Gleichgewicht von Allem.

Meinerkeit

Die Meinerkeit ist das allumfassende Selbst im Körperlichen, wie auch im Geistigen, in der Vergangenheit und auch der Zukunft, wie auch im Jetzt.

Nirvana — Nirwana निर्वाण

Das Nirwana ist was man erreicht wen man ein Bodhi (Erleuchteter) wird.

Reines Herz

Dies ist aus der östlichen Philosophie und bedeutet, dass man das Herz reinigt, um so das reine Herz zu erzeugen. Überall wo noch starke Emotionen auftauchen sind Sachen zu lösen, da der Schmutz das Herz überdeckt. Wie die 108 Störgefühle, die das Herzen beschmutzen.

Samsara

Der ewige Kreislauf des Seins.

Wuji 无极

Dies ist die Urwirkkraft von allem wie der Ursprung. Wörtliche Übersetzung auch als grenzenlos und Unendliches.
Über diesem ist nur noch das *Dao* selbst.

Wuwei 无为
´´Nicht Handeln´´
Dies bedeutet, dass man nicht eine Handlung gegen die Natur macht, sondern mit der Natürlichkeit lebt.

6. Über mich

Diesen Teil fand ich am schwierigsten. Denn ich verstehe mich als jemanden in einem stetigen Prozess der Wandlung. So dachte ich, drei Abschnitte wären hier auch wunderbar. Der erste Abschnitt ist über mein altes Ich, mit 27 Jahren geschrieben, dies war indirekt für ein anderes Buch gedacht — und doch nicht — denn es war ein Teilinhalt, darum belasse ich ihn auch unverändert. Gefolgt wird dies von meiner jetzigen Sicht auf mich und zum Abschluss als dritter Teil eine Ergänzung zum Verständnis zu meinen Aussagen und des Leben selbst.

Mein 27 Jahre Altes ich, über das Buch und Meinerkeit

So was erwartet ihr jetzt?
Erwartet ihr einen alten weisen Mann der von Weisheiten überläuft und schon erleuchtet ist? Naja, dies würden wohl die meisten jetzt bevorzugen.
Am Liebsten stets vom höchsten der Weisen etwas über das Leben erfahren.
Der am besten auch gleich Erleuchtet ist, aber wärt ihr überhaupt schon soweit seine Worte zu verstehen und mit diesen umzugehen?
In diesem Leben bin ich momentan 27 Jahre jung, doch dies hat nichts mit meiner geistigen Reife und dem Verständnis zu tun, denn man sollte nie jemanden unterschätzen und allen mit gleichem

Respekt begegnen wie gegenüber sich selbst. Auf meinen Reisen lernte ich oft von vielen Leuten die unterschätzt wurden, wie Obdachlose und einfache Leute zudem auch von den Tieren und der Natur selbst.

Momentan arbeite ich als Klempner, doch das Leben griff gerade durch einen Unfall ein. Das gab mir mehr Zeit, um Sachen zu ergründen und verfassen.

Zudem Arbeite ich nur soviel, dass es für alles reicht und ich auf Weltreise gehen kann oder auch mehr Zeit zum Üben hab. Ich bin Daoist und übe mich in meiner Freizeit im Gong Fu und fördere meinen Geist in der Meditation. Zudem liebe ich es in der Natur zu sein, zugleich einen Tee zu trinken und über das Leben nachzudenken. So werdet ihr vielleicht erkennen, dass mich das Leben schon sehr geprägt hat, wie auch Einsicht schenkte.

Ich habe das Gefühl meine Bestimmung in diesem Leben ist hoch und ich verspüre, dass dies meine Chance wäre völliges Erwachen zu erlangen. Wie weit ich gerade bin, kann ich schwer sagen, da man ja in ewiger Wandlung ist und so auch die geschriebene Definition falsch wäre. Doch dies sollte euch nicht kümmern, denn es geht hier um den Inhalt und nicht um Meinerkeit.

Mein 38 Jahres Altes ich im Jetzt

Heute gehe ich einen Weg als freier Mönch, was heisst als selbstständiger Mönch, der noch ohne Kloster ist. Aber der Ort an dem ich lebe, wurde von mir als Kloster erkoren. Darum gelten auch dort die Grundregeln wie in anderen Klöstern.

Eines meiner Ziele ist es einen Ort für die Kultivierung zu erschaffen. Jeder kann ein Teil davon werden, sei es selbst als Praktizierender, oder auch einfach als unterstützender Spender, Teilnehmer, durch Teilen, Helfen etc.

Ich lebe einfach und das Reisen und Praktizieren war mir immer wichtig.

Ich hatte auch sehr wilde Zeiten und fast ein normales Leben mit Partys, Frauen, Alkohol usw. Doch die Bestimmung des Mönchseins kam immer wieder zum Vorschein. Schliesslich rückte die Kultivierung immer mehr in den Vordergrund.

Als Kind wurde ich von Schauspielern wie Jackie Chan, Jet Li, Donnie Yen, Yun Biao, Sammo Hung und von der Animeserie — Zeichentrickfilm — *Dragonball* in die Kampfkünste gelockt. Diese Kampfkunstfilme brachten mich näher zu den Shaolinmönchen und so wurde mein Interesse dafür geweckt Mönch zu sein.

Zudem hatte ich auf meinem Lebensweg immer wieder prägende Ereignisse, die mir die Türen öffneten, was alles so möglich sein könnte.

Unmöglich ist nur das
was zu weit vom möglichen weg ist,
doch wenn du vorankommst verliert das 'Un'
seine Wirkung immer mehr.
>82<

Durch dieses Beispiel und die folgenden Weisheiten im Hauptteil, könnt ihr vielleicht verstehen, dass wir uns oft im Möglichen einschränken, anstatt voranzugehen und uns dem Unmöglichen gegenüber zu öffnen. Denn Fähigkeiten wie Hellsichtigkeit, Astralreisen, Materialisieren und Entmaterialisieren usw. sind Nebeneffekte auf dem Weg der Kultivierung und man sollte auch dort nicht anhaften und weiter in der Kultivierung voranschreiten. Doch diese Türen zu öffnen war oft schwer und schmerzhaft, doch halfen mir genau diese bei den Erkenntnissen.

Seit meinem dreissigsten Lebensjahr schenkte ich mir jedes Jahr etwas für die Kultivierung zum Geburtstag. Zum Beispiel kein Fleisch mehr zu essen, keinen Alkohol zu trinken, vegane Ernährung, sexuelle Enthaltsamkeit, Einfachheit, Mönchsein etc.

In den letzten vier Jahren lebte ich in China an einer Gong Fu Schule. Ich sagte mir von Anfang an, dass ich während dieser Zeit sicher einmal das Mönchsein durchziehen werde. Durch diese Lebensweise als Mönch erkannte ich, wie viel eigentlich in diesem Lebensweg drinnen steckt und was es heisst sich von Anhaftungen zu lösen und einfach zu leben.

Das heisst nicht, dass ich fast nichts mehr Besitze, doch hafte ich nicht mehr daran. Ich bin auch nicht mehr am Ort gebunden, an dem ich wohne, da ich ja in den letzten fünf Jahren im Jahr mehrere Wohnorte hatte oder Orte — zum Teil nur ein Zelt, eine Höhle oder in der Natur.

Kurz gesagt ich bin ein Mönch auf dem Weg der Erkenntnis und teile mein Wissen mit all denen, die bereit sind sich zu wandeln oder offen für neue Ansichten sind.

Ich sehe einen Mönch als Forscher des Lebens, der seine Erkenntnisse mit den Mitmenschen teilt. Dadurch kann er ihnen Möglichkeiten aufzeigen, die helfen können. Es geht um ein Verständnis des Lebens und um körperliche wie geistige Gesundheit. Jeder hat ja seine Bestimmung im Leben und so nutze ich meine.

Wie oder ob man die nächsten Türen öffnen sollte?

Am besten fange ich gleich an seit wann und von wo ich den Wortgebrauch mit den Türen kam. Als ich im Jahr 2008 auf dem Jakobsweg ging, hab ich das *Dao de Jing* dabei gehabt. Dies ist ein Buch von Laozi,der ca. so heisst es, im Jahr 600 v.Chr. gelebt hat und oft als Begründer des Daoismus angesehen wird. Die Bezeichnung `Türen öffnen` war auch schon zuvor da, doch dort an einem wunderbaren sonnigen Tag wurde es deutlicher. Denn ich liess ab von den Begierden auf dem Jakobsweg und lebte einfach nur als Pilger. So lief ich jetzt schon seit Tagen immer für 8 bis 10 Stunden pro Tag und machte auch an diesem Tag einen Rast zum Meditieren.

So lass ich per Zufall nochmals das erste Kapitel. Dies wäre Folgendes:

Dao De Jing von Laozi, das erste Kapitel

Würde ich das Dao kennen,
so würde ich es benennen.
Doch es wäre nicht das allumfassende Dao
und der Name auch nicht von Dauer.

Denn das Namenlose (Nicht-Sein)
ist der Ursprung von Himmel und Erde (Allem).
Und was Namen (Sein) hat
ist der Ursprung aller 10'000 Wesen.

Wer ohne Begehren ist,
dem wird das Geheimste offenbart.
Doch wer ewig Begehren hat,
dem zeigen sich Begrenzungen (Grenzen auf).

Beide haben den selben Ursprung
doch der Name ist verschieden.
Nennen wir sie Zusammen,
sind sie Geheimnisvoll.
Dem Geheimnis geheimstes Geheimnis.
*Dies ist die **Pforte** der geheimsten Kräfte.*

So versank ich in der Tiefe, um das Gelesene sich selbst entfalten zu lassen.

Ich fing an mein Leben zu reflektieren und erkannte immer mehr, was es für eine Bedeutung hat die Pforte — Türen — zu den 'geheimsten Kräften' zu öffnen.

Denn im Leben gibt es Momente, in denen man sich bewusst wird, dass man die nächste Türe auf dem Weg der Kultivierung aufmachen kann. Doch meistens zieht man sich mit einem Schreck zurück, da die Angst vor dem Unbekannten stärker ist, als das Geheimnis hinter der nächsten Tür.

Aus Unsicherheit machen wir meistens gleich etwas zur Erdung, Festigung und gehen den Begierden nach, die unseren Geist verwirren, so dass wir vergessen wo überhaupt die Tür war.

Dies ist auch indirekt gut so, ausser das Hingeben den Begierden. Denn wenn man bereit ist wird man die Türe auch öffnen. Wenn sie einmal offen, ist kann man sie schlecht wieder schliessen.

So was bedeutet dies jetzt genauer? Wenn wir im Leben vorankommen, lernen wir immer neues und haben so mehr Fähigkeiten. Doch haben wir haben auch einmal Angst von etwas Neuem wie z.B. einer neue Arbeitsstelle, Beziehung, Ort usw., doch nach einer Weile haben wir uns an die neuen Be-gebenheiten angepasst und alles geht wieder normal weiter ohne bedrückendes Gefühl. Genau so ist es mit der Kultivierung und den Fähigkeiten die Aufkommen.

Es gibt genau solche Momente, in denen man das Gefühl hat man hat gerade eine grosse Erkenntnis erlangt und dies ist oft die Tür, die wo man aufmachen könnte. Doch wenn sie offen ist, wird alles intensiver und komplexer und gleichzeitig einfacher, wenn man anfängt das Ganze zu verstehen. Hier würde ich auch noch anfügen, dass das Karma anfängt intensiver zu wirken und die Folgen zeigen sich immer schneller, dass heisst, das Prinzip des Karma reagiert direkter und zum Teil unmittelbar.

Wenn man ein Gefährte des *Dao* wird und immer mehr Türen öffnet, wird es uns mehr helfen. Es ist weder gut noch böse. Hier zwei Beispiele, bei denen die meisten sagen würden, das eine ist gut das andere schlecht.

Nehmen wir an, dass jemand krank wird und körperliche Leiden hat oder jemand gewinnt viel Geld. Die meisten würden jetzt sagen das Krankheit etwas schlechtes ist, doch dies ist der gleiche Input wie das Geld. Denn eine Krankheit vermag uns aufzuzeigen was seit längerem bei uns nicht in Harmonie ist und kann uns so den Weg zur Gesundheit zeigen. Oder bei schweren Krankheiten sogar aufzeigen, was die wahren Werte im Leben sind. Das viele Geld hört sich gut an und kann finanzielle Sorgen lösen, doch zieht es vielleicht Neider an oder man verfällt in Begierden und verliert sich Selbst.

Es ist nicht immer alles so, wie es scheint.

Wer die nächste Tür öffnet, sollte auch bereit sein hinein zu gehen und wer sich aus Angst beim Öffnen zurückzieht, sollte sich nicht in Begierden flüchten und sich besinnen auf das Erlebte. So übt euch in Achtsamkeit und werdet Bewusst im Sein — und im Nicht-Sein.

7. Datierung

Die folgende Datierung ist wohl eher für mich selbst und trotzdem vielleicht für ein paar Wenige auch interessant.

Vielleicht konntet ihr auch Veränderungen von mir erkennen, denn umso höher die Zahl, um so neuer der Spruch.

Umso älter die Sprüche sind, desto ungenauer das Jahr, aber so in etwa kamen diese wie folgt Zustande:

Jahr	Sprüche	Jahr	Sprüche
> 2000	1 - 14	2011	67 - 69
2001	15 - 19	2012	70 - 81
2002	20 - 25	2013	82 - 86
2003	26 - 31	2014	87 - 92
2004	32 - 38	2015	93 - 103
2005	39 - 42	2016	104 - 126
2006	43 - 47	2017	126 - 139
2007	48 - 52	2018	140 - 160
2008	53 - 54	2019	161 - 173
2009	55 - 60	2020	174 - 213
2010	61 - 66	2021	214 - usw.

Wie ihr seht sind schon einige Besinnungen für das nächste Buch bereit.

8. Nachwort

Hoffe dieses Buch konnte euch ein wenig anregen, und dass ihr es weiter nutzen könnt auf eurem Weg. Als ich dieses Jahr intensiver alle Aufzeichnungen zusammengetragen hatte, fand ich so noch Einiges an Weisheiten. Wenn dies so weitergeht, werde ich bald die nächsten 108 Sprüche zusammen haben. Somit könnt ihr Euch schon auf den zweiten Teil freuen.

So bedanke ich mich bei allen Lesern und hoffe wir sehen uns mit dem nächsten Buch oder Online wieder und wer weis vielleicht sogar einmal direkt im echten Leben.

Gebt acht auf eurem Weg,
doch nicht zu viel, den die Natürlichkeit muss sich ja auch noch Ausleben können. ;-)

Bleibt stets daran euch zu Wandeln,
auch wenn sich im Leben oft der Sinn entziehen mag, ist er doch noch da.

Befasst euch mit dem Körper und Geiste im Gleichgewicht, so das Harmonie einkehrt.

Schaut auch was ihr esst und trinkt, denn dies sind Bausteine eures Zukünftigen Ichs.

Macht Sport und bleibt aktiv und zugleich vergesst die absolute Ruhe und Tiefe nicht.

Ausserdem empfehle ich jeden Tag zu meditieren, zu laufen oder zu rennen.

Habt jeden Tag auch frische Luft und Sonnenlicht.

Und macht immer den nächstmöglichen Schritt auch, wenn dieser klein ist.

Fühlt euch frei mich per E-Mail oder Soziale Media zu kontaktieren.

Denn was ich ergründe ist nicht nur für mich, sondern auch für dich.

Somit wünsche ich alles Gute auf eurem Weg der Kultivierung.

Euer Daomonk – Michu

9. Kontakte und mehr

Ihr könnt stets mit mir Kontakt für Rückmeldungen oder Anregungen aufnehmen, wie auch für die Teilnahme an meinen Kursen oder Projekten. Zudem habe ich auch Videos über Themen auf *Youtube*, oder ich könnte so auch auf Anfrage einzelne Weisheiten vom Buch selbst mehr eingehen und so diese erläutern.

Ort: Bern, Schweiz

Homepage: www.daomonk.com

E-Mail: daomonk8@yahoo.com

Youtube: **Daomonk** – Deutscher Kanal
über alles wo ich mache
Damonk World – In englisch
und Inhaltlich, ähnlich wie Daomonk
Daomonk Gong Fu – In Englisch
und alles über Gong Fu (Kung Fu)

Instagram:	daomonk
Tiktok:	Daomonk
Twitter:	daomonk8
Facebook:	Daomonk World
tumblr:	Daomonk
Bandcamp:	Daomonk